뺄 평 선

지성 · 감성의 메타언어
조선문학시인선 · 398

# 뻴 평 선

황 정 석 시집

조선문학사

■ 책머리에

# 책을 내면서

난지도를
밤마다 바다로 떠밀며
썰물 같은 탯줄
밀물 같은 젖줄
갯벌 같은 생명줄로
국어사전에도 없는
뻘평선을 그어 보았습니다
바람 같은 세월
구름 같은 세상을
등에 업고
통통배 타고 북극성 향해 달려가는
이야길 펼쳐 보았습니다
처녀 시집 『뻘평선』을 갯가 사람들과
지구의 양수 바닷물을 사랑하는 모든 사람들에게 바치고자 합니다

2014년 가을
황정석

# 뻘평선 차례



## 제1부
## 바다는 알까

제2부

## 살색이 살색 아님을

## 제3부
## 존재의 이유

## 제4부
## 시집 평설

# 제1부

# 바다는 알까

## 뻘평선

천 년 만 년
사람들과 살아 온
뻘평선
새만금 갯벌

남산 허물어
황금물결 쌀평선이
웬말

하얀 보석으로 피어나는
소금 꽃게 새우 주꾸미 바지락 백합들
부안에서 서울까지 3보(步) 1배(拜)
갯벌밥 외친다

갯벌은
수산생물의 에덴동산

자손만대까지
걸어가야 할
뻘평선

# 김

정월 대보름
김 먹는 날

김밥 나라
김밥 천국에 가면
하얀 천사들 껴안는
검은 종이

주먹밥
참치김밥
누드김밥
삼각김밥

김여익
처음 섶 양식 시작하여
김이요

전남슈퍼김1호 엽체 254cm
세계 기네스북 도전

2억 5천만 불 수출
바다에서 캐낸 금(金)

오대양 육대주
날아다니는
Black Paper
금종이

※ 金 : 김, 금(2013년 김 수출 금액 2,800억 원).

## 수고(水高)

바람이 도망치면
갯바람이 쫓아간다
탯줄 같은 썰물이다

바람이 달려오면
갯바람이 쫓아온다
젖줄 같은 밀물이다

썰물 밀물 갯벌 버무려 세운
교문
완도수산고등학교

수산강국
해양강국
조선강국
부화시키려고
지구의 양수 바닷물 다스린다

북극 남극에
수고(水高) 세우려고
수고(受苦) 하는
장보고 후예들
지구의 양수 바닷물 다스린다

21세기
마이스터고(高)

# 휘파람 소리

어기여차
어기여차

전복 소라 성게 해삼
문어 군소 미역 다시마

이어도 사나
청산도 사나

검은 고무옷 납덩이 벨트 차면
물속에선 네발 어린이가 된다
숨이 멈출 것 같아
가슴이 터질 것 같아
태왁 붙잡고 내뱉는 휘파람 소리

대문 나설 때
시어머니께서 들려준 휘파람 소리
바다에 가면 망사리에 가득 채우지 말거라

오늘
망사리 가득 채우지 말라는
휘파람 소리 물질 소리 되물림 소리

※ 태왁 : 부위(옛날엔 박, 현재는 스티로폼으로 만듦).

※ 망사리 : 전복 소라 등을 담은 그물망.

# 바다

비눗물 흘러흘러
깡통은 굴러굴러
아침저녁 난지도에 쌓이면
한강은 밤마다
난지도를 바다로 떠민다

매일
난지도를 삼키고도
배 아프단 말 없음은
모든 것 받아들이고
참으며 품에 안은
어머니여라

## 장보고 & 최경주

반도남쪽 상황산 아래
활 잘 쏘는 궁복
물길 따라 뱃길 따라
당나라 건너가
무령군 소장되어

고향에 청해진 설치
무역항로 개척하니
이웃나라 사람들
장보러 가서
장보러 가세

청해진으로
장보러 가세

세계화 펼쳤던
장보고

아침에 피었다
저녁에 지는 나팔꽃

정치판에 뛰어 들어
왕권 회복시키고
세계화 부르짖었건만

염장에게
피살되어
염장한 머리
경주로 가져갈 때

청해진 주민들
염장 지르지 말거라
염장하지 말거라
외치면서
김제로 옮겨 갔더라

1200년 동안
말이 없던 푸른 바다
청해진

골프 연습장을
닭·꿩
사육장으로 알았던
섬 소년
경주

푸른 바다 위에
파란 잔디 깔고
골프채 휘날리며 탱크 몰고
PGA 고지 향해 달려가는
장보고 후예
최경주

※ 염장 지르지마 유래
- 염장이 칼로 장보고 배를 찌른다.
- 장보고 머리를 염장하여 신라로 가져갔다.

※ 궁복(弓福) : 장보고가 활을 잘 쏘아 궁복이라고도 불렀다.

# ARS

올가는 오고야 말았습니다
바람과 함께 왔다가
비를 퍼 붓고 갔습니다

더럽고 냄새 나고 보기 싫은 것들
바람으로 비누칠 하고
빗방울로 씻어냈습니다

간판 전신주 둑이 무너지고
산은 도로에 엎어졌습니다

돼지는 지붕 위에서 소리칩니다
사람들은 부엌에서 물을 퍼냅니다

여기저기서
수재민 돕기가 펼쳐집니다

ARS
한 번 돌릴 때

수재민 수제비 끓이고
너와 내가 돌리면
압력 밥솥
딸랑딸랑 거립니다

ARS
700-0400

※ 올가 : 구십구년 태풍 이름.

# 고마도(古馬島)

일본
당나라
상인들이 장 보러 왔던
청해진 끝자락

장보고 군사들의
주차장
고마도

바나나 모습으로
큰누이 모습으로
수반에 앉아 있는
섬

초승달 이마에 붙이고
이슬방울 눈에 넣고
긴 다리 펄럭이던
목련꽃 소녀

고향 가는 길
고마도 지날 때마다
차창에 철썩 철썩
처얼썩

## 한가위

귀뚜라미
고무신 신고
골목 휘젓고 다니다
만호 바다에 울타리 치면
바다는 까만 요를 깔고

낙타 등 상산 위로
노란쟁반 쏘아 올리면

궁더꿍 궁더꿍
반달 떡 빚었던
한가위 보름달

온 동네 밝히는
가로등 되어
강강수월래~ 강강수월래~

이번 추석
천리 길 기어 오면
차도 몸도 낙지 발이 된다

적(赤) 황(黃) 녹(綠) 신지도 다리
노란쟁반 따려다
풍덩 빠지면

다리 건지려던
보름달도
풍덩 풍덩 빠지고 만다

만호 바다
허연 거품 토해내건만

신고하는 사람
건지는 사람도 없는 건

TV
핸드폰 "카톡" 속에서
강강수월래~ 강강수월래~

솔바람 사이로
하얀 밤 올 때까지
홀로 짖어 보는 귀뚜라미

※ 상산 : 전남 완도군 신지면 송곡리 낙타 등 모양의 산.

# 탕자 부모

어머니 지적은 비타민
어버지 충고는 나침반
지겨워
달나라 가는 통통배

구름타고
바람 속 지날 땐
야호!

어둔 밤
기름 떨어지니
동서남북 어딘가요

너무 멀리 와버린
통통배
SOS SOS

키미테 들고
영양제 들고
노 저어 가는
종이배 부부

※ 키미테 : 멀미약 이름.

# 감태지 & 매생이국

맛
맛이 없다는 건
그 맛을 모르기 때문이다

※ 감태지 : 감태김치의 전라도 사투리로서 감태는 머리카락처럼 가늘고 긴 연록색의 해조류다. 풋고추를 송송 썰어 넣고 천일염으로 간을 하여 숙성시키면 쌉쌀하며 시원한 맛이 특징이다.

※ 매생이국 : 머리카락처럼 가늘고 긴 연록색의 해조류로서 굴(석화)을 넣고 끓인 후 참기름 서너 방울 떨어뜨린 매생이국(삼합 : 매생이, 굴, 참기름)은 숙취 해소에 최고다. 매생이국은 아무리 끓여도 김이 나지 않기에 먹을 때 조심해야 한다.

# 오징어

대화퇴
에메랄드빛 바닷물
데워지고 데워지면
채낚기 어선들 독도까지 불 밝히고
은빛 낚시 바늘 열댓 개
소불알 추에 묶어 던지면
덜컹 덜컹 올라오는 녀석들
뱃장에 뒹굴며 먹물 쏟아낸다

울릉도 처녀들
까마귀 잡아먹는 오적어(烏賊魚)
풍년들어야 시집간다고
육지 손님 어서 와서 먹물 염색 하시고
먹물 영양제 드시고 나를 데려 가시라
트위스트 춤추는 열 발가락들

※ 오적어(烏賊魚) : 까마귀가 오징어를 잡아먹으려고 덥치면 열 개의 발로 껴안고 물속으로 들어가 까마귀를 잡아먹는 도둑놈이란 오적어가 오징어가 되었다.

# 파도소리

너울
달려 오더니
입 다물고
백사장에 엎어진다

미끄러지면
뒤따라 오던 놈이
올라타네

둘은
격두기 선수
티격 태격

엎어지면
올라타고
또
엎어지는 소리

무슨 사연 그리 많아
밤새도록 철썩 철썩
하얀 이빨 뻘럭이는가

# 갯가 사람들

대구 처녀 갯내음 좋아
시집가서 차린 밥상

국에 꿀 넣으란 말에
벌꿀 넣어 된장국 올리고

숟가락 예쁘게 젓가락 더 예쁘게
시어머니 숟가락 젓가락 빼앗아
주먹밥 들고
선창으로 도망갈 때

새댁 눈엔
닭똥 눈물 열리고

눈가에 매달린
친정어머니
행주치마로 떼어낼 때

신랑 기다리던
밤은 깊고 멀더라

시어머니께서 쫓아간
바다는
밀물 몰아내고
썰물이 쫓아오고

큰 목소리 빠른 걸음걸이
바람이 쫓아오고

오늘 할 일을
거친 소리로 토막내고
워매 ! 빼친거 외치는
바닷가 사람들

약속된 밀물 썰물
기약 없는 풍랑이 손 내민
선물은
고문관 없는 사람들
이동식 밥상

※ 빼친거 : 매우 피곤하다는 전라도 갯가 사람들의 사투리.

※ 굴(석화) : 남해안에서는 꿀이라 부른다.

# 바다는 알까

멀리서 뱃고동 소리 들려오면
마도로스 파이프는
훌라춤 추는 남국의 아가씨를
하얀 연기 위에 올려놓는데

조기만선 기원하면서
성황당에 금줄 걸치려고
창자를 철 수세미로 문질러
새끼줄 꼬는 밤을 맞이합니다
파도가 파도에 부딪힌 수만큼
손바닥 비비고 비벼댑니다
새근새근 잠든 아이는
파도가 파도에 부딪히는 소리가
자장가로 들리는가 봅니다

파도는 알까
바다는 알까
비비고 비벼 대는
여인의 손바닥 소리를

제2부

# 살색이 살색 아님을

# 본향

명절이면 차표 예매하여
선물 들고
아이들 손잡고 간다

할머니! 부르는 소리에
아이구 내 새끼들 왔는가
호박잎보다 더 까칠까칠한 손으로
똥구를 두들기며
얼굴을 비벼대는
어머님이 계시기에
난
고향에 간다

내 본향
아마 아버지 집 갈 때
나 혼자 가면 얼마나 서운해 하실까?
"꼭"
가족들 손잡고 가야지

# 아버지

당신 곁에 있을 땐
항상 강아지였습니다

어느 날
당신이 떠남으로

큰방 아랫목
가장(家長) 자리에 누워

무슨 그림 그리셨나
천정 바라봅니다

오 남매 키우실 때
한숨으로 그리셨던
흑백 그림 내려옵니다

멀리서
발자국 소리 들려오니

진돗개 음성 흉내 내면서
서툴게 짖어 봅니다

당신이
떠난 자리에서

# 나의 이름은 아버지

술잔 높이 들고
가슴에 불 당겨야
사나이 되는 줄 알았다

마시고
마신만큼 토하고 비틀대야
아름다운 추억 되는 줄 알았다

여군동취(與君同醉)
호기로 맘 섞어야
의리의 사나이인줄 알았다

어느 날
뒹구는 술병이 말했다
"냉수 마시고 속 차려 이 사람아"
속을 차렸을 때 만난 것은
사나이도 추억도 의리도 아닌
자신이 아버지라는 사실이었다

철없는 아들의 눈에는 철없이 보였던
부끄러운 아버지인

# 오마니

먼 길 걸어갈 때
굽은 등으로 의자가 되어준 사람

비 오면
저고리 벗어 우산이 되어준 사람

칼바람 불면
치마 끝으로 바람 가리개 되어준 사람

함박눈이 펑펑 내리면
내 가는 길에 연탄재 되어준 사람

오만 번 기저귀 갈아주었던 사람
오마니

## 부부

두 사람 안에 있는 한 사람
한 사람 안에 있는 두 사람
항상 기도하게 하소서

부모를 공경하며
이웃을 사랑하며
자녀를 말씀으로 양육시킬 때
찬송하게 하옵소서

남편을 피곤하게 하지 않는 소금
아내를 행복하게 하는 빛이 되어
범사에 감사하게 하옵소서

이 모든 것이
하나님께 영광되게 하시며
우리 가정을 복되게 하옵소서

# 아내에게

충성과 헌신이란
명분 아니면 굴레
사비위빈(仕非爲貧)의 구겨진
쥐꼬리 노랑봉투 쥐어줄 때마다
명분보다 앞서는 안쓰러움
행주치마로 닦는 당신의 젖은 손은
마술사였소

굳어 풀릴 줄 모르던 궂은 삶의 삼동(三冬)에도
당신의 미소 앞에서는 해빙이듯
녹아 풀리던 시절
"말은 천리를 달리지만 소도 천리를 걷는다"는
당신의 위로 한 마디가

오늘도
헛발질 모르고 오직
사랑이란 길을
천리 길 소걸음을 걷고 있소

※ 사비위빈(仕非爲貧) : 관리는 빈한해도 녹을 먹기 위해 일하지 않는다는 뜻으로, 관리된 사람은 덕을 천하에 펴야 한다는 말.

# 내 동무 어디에

흙먼지 속에
데굴데굴 달리는 굴렁쇠

까만 고무줄 위에
하얀 나비가 된
검정 고무신

코스모스 하늘에 펼쳐진 운동회
모두들 부르는 노래
동무들아 오너라
서로들 손잡고 달맞이 가자

빨갱이
반공 승공 멸공
이데올로기는 동무들을 데리고 간지
오래

동무보다 친구가 좋아
인조잔디 운동장이 좋다는
아들 딸은
뛴다
오직 일등 향해
뛴다

흙먼지 속에
발목 묶고 함께 뛰던
내 동무들은 어디에

# 고추 같은 사람 김 같은 사람

점심 때
잔치국수 바라보니
후루룩 흘러내리는
얼굴

막대기보다 무딘 손으로
고추 모종 심고서
아들아
잘 있니
고추 같은 사람 될래
김 같은 사람 될래

가슴팍에 불멸 잉크를
빛보다 멀리 뿌리신
어머니 음성
고추 같은 사람
김 같은 사람

※ 고추 : 매우면 맵다고, 풋내 나면 풋내 난다고 야단맞음.

※ 김 : 어떤 음식에도 찰떡궁합.

# 사내 커플

감사합니다 무엇을 도와 드릴까요
주무관님 전화 받으세요
다음 주 선 보란 이야기

직원들 앞에선 핀잔을 주지만
실험실에서 초자기구 닦고 있는
그녀 옆에 가노라면
통통배

몇 번을 망설이다
거품 묻은 손을 잡고 말았다
이러면 안된당깨깨깨

야 ! 가시나야
나 어떻게 생각 카노노노
"됐나"

호영남
영호남
잘삽니다
계속 손잡아 주세요

※ 초자기구 : 시험관 비커 플라스크 등.

# 첫사랑 소식

잘 살면 배 아프고
못 살면 가슴 아프고
같이 살면 머리 아픈 것

- 술병만 쓰러뜨렸던 허수아비 인연 -

# 청년들이여

자식 이길
부모 없지만

부모 이긴 자식
잘 되는 사람 없더라

# 배달민족

통닭 피자
배달

빨리 빨리
배달

볼트보다
빠른민족
배달민족

※ 볼트 : 100m 달리기 세계 신기록 보유자.

# 청년

쓰나미 몰려 와도
태풍이 불어 와도
화마가 춤을 춰도

청년은 두렵지 않다

난
그 이유를 알고 있다

용광로 같은
용기(容器)
용기(勇氣)가 있다는 것이다

# 남자의 눈물

직장에 가면 독수리 타법
윗사람 아랫사람 눈치
화장실 문 잠그고 흘리는
눈물

3시
주식은 번지점프
화장실 문 잠그고 흘리는
눈물

퇴근길
모아
모아
술잔에 섞는다

쓰러진 술병으로 현관문 열면
아내의 붉은 입술
아이들 이슬 눈빛

화장실 문 잠그고
흘리는
남자의 검은 눈물

# 공수래공수거(空手來空手去)

태어날 때 울었다
울음으로 말할 수밖에 없는
탄생
기쁨의 다른 표현이 울음이었는지도 모른다

죽을 때도 운다
울음으로 말할 수 없었던 것과는 달리
웃음으로 말할 수 없기 때문이다

울음이건
웃음이건
인생의 표현 중
그중 대표적 주어는
그 둘이 아니던가

# 감사

어머니
감사하다는 말 너무 무거워
입술이 안 열려요

아버지
감사하다는 말 너무 무서워
입술이 떨려요

여보
감사하다는 말 너무 어려워
입술이 굳어요

Thank you
ありがとうございます보다 쉬운말
감사합니다

아침에 감사
내 가는 길에 이정표

저녁에 감사
우리 집 가스보일러

매일 감사
자녀들 가는 길에 네비게이션

# 로또복권

로또복권 대신
장미꽃을 샀다

신혼
장미꽃이 벨을 누르면
love 향(香)을 피운다

사십 대
장미꽃이 벨을 누르면
김밥이나 사 오지

오십 대
장미꽃이 벨을 누르면
뭐니 뭐니 해도
Money가 최고여

꽃을 산 사람도
꽃을 받은 사람도
꽃 보단
Money를 그리워하는 세월 속에

어젯밤
황금돼지가 들려주는 음성
“이번 주는 당신 차례입니다”

# 충돌

아버님 헛기침 소리
좌청룡 우백호(左青龍 右白虎)
홍동백서(紅東白西)
'어른 먼저' 토해낸다

어머님 행주치마
김치, 나물
밥, 된장국
'밥심' 최고여

아들 컴퓨터
좌전우버
우통좌피
'아들 먼저' 촛불시위

며느리 핸드폰
피자, 햄버거
마요네즈, 케첩
'배달' 퀵 '배달'

※ 좌전우버 : 좌측엔 전철, 우측엔 버스 다녀야 명당.

※ 우통자피 : 우측엔 통닭, 좌측엔 피자 차려야 현대판 차례상.

# 계영배(戒盈杯) 없는 세상

돼지는
음식물을 70%만 채우는 계영배이건만
돼지가 된다

고사상에서
만 원짜리 콧구멍에 꼽아 주면
귓구멍으로 나오는 말
동물의 세계는
정글의 법칙 속에서
오직 일용할 양식뿐인데

우리 회장님은
쌀 한 섬 빼앗아
백 섬 쌓기 위해
"위하여"
외치는 세상

돼지가 없는 세상
계영배가 없는 세상

※ 계영배(戒盈杯) : 술을 아무리 부어도 70% 이상은 흘러내리는 술잔.

# 인천국제공항

곗돈 모아
부부동반 괌에 가서
과암 지르려고
인천국제공항에 모여듭니다

공항 대합실은
미니스커트와 정장
운동복과 작업복
반팔셔츠와 오리털파카
슬리퍼와 부츠
임산부와 어린이
할아버지와 할머니
장애인과 청년들의
파란 검정 갈색 눈동자는
하얀 밥알 푸른 야채가 됩니다
청년들은 빨간 고추장 뿌리고
신혼부부가
참기름 서너 방울 떨어 뜨려 비비면

공항대합실은 온통 참기름 냄새로
도배합니다

오대양 육대주 향해
괌 지르는 비빔밥

지구의 배꼽이 되어버린
인천국제공항

# 사람이 반찬이여

고향에 계신 어머니
젊었을 땐
꽁보리밥에 된장국도
시장이 반찬이랬지

국민소득 2만 3천불 시대
혼자 사시는 어머니
택배 아저씨 기다리다
숟가락 들면
자라목에서 기어 나오는 쉰 말씀
사람이 반찬이여

수저 들지 않아도
아들 딸 손자 손녀가
올 명절은
배부른 반찬인 것을

# 아낄 것 아껴야지

공책에 가나다라
써내려 가면
몽땅 연필에 침 바르라고 외치던
아버지

산수시험 백 점 맞아도
니 혼자는 아니제
칭찬까지도 절약하셨던
어머니

삼복더위
열대야 속에서
참기름 몇 방울 떨어뜨리듯
에어컨 켰다 꺼버린
아내

사랑한다
감사하다
미안하다는 말들
무말랭이 된지 오래

# 쇼핑

어제는
아이 쇼핑

여보
오늘 같이 갈래

상현달 입술로
고객님
보고만 가세요

만져보고
입어보고
뒤를보고
옆을보고

카드
꺼냈다 넣기를
서너 번
둘러보고 올께요

## 아내는 개선장군

입구에 선 초병
황소 눈알 굴리며
여보 카드 빨리 긁어
나쁜 사람

여자들은 다 그런 거야

승부도 없는
장군과 초병의 싸움
다시는 없으리
정말

# 다시 차릴 밥상

국민소득 높아지더니
한정식 메뉴판 빠르게 변했다

대강 철저히 설렁탕
융통성이 좋아 고등어추어탕
혈연, 학연, 지연, 종연으로 비벼진 비빔밥
계산은 현금으로
이런 것들 모아 모아
세월호 개조하고서
된장국 대신 먹은 국
결국 먹고서
결국 침몰 하였다

세월호는
현명한 기득권
융통성 있는 사람들이
고지식한 선비
융통성 없는 상궁
팽 시키고 왕따 시키고
결탁과 유착으로 맹골수도(孟骨水道)에 잠들고 있다

세월호
실종 사망 304명은 살아 있다

비정규직 여승무원
단원고 담임선생님
목이 메인 현장을 보고 팽목항 뒷산에 목 메단
교감선생님 이름으로
영원히 살아 있다

고지식한 한 사람들
융통성 없는 사람들이
새 매뉴얼로
대한민국 밥상 다시 차리길
노란 리본으로 외친다

# 앵무새 메뉴판

뭘 먹지
어떤 반찬
무슨 국 끓일까

앵무새
메뉴판
이십 팔 년

뭘 먹지
어떤 반찬
무슨 국 끓일까

## 좀 더

학생들이여!
공부가 인생의 전부는 아니지만
좀 더

부모님
돈이 인생의 전부는 아니지만
좀 더

남편들이여
스테미너가 인생의 전부는 아니지만
좀 더

아내들이여
칭찬이 인생의 전부는 아니지만
좀 더

# 갑오년 청말

아버지께서는
농자천하지대본(農者天下之大本) 속에
가화만사성(家和萬事成) 외치셨다

손자 손녀들
핸드폰 속에
직화만사성(職和萬事成) 외치고 있다

갑오년
좌측에 職和萬事成 바퀴 달고
우측에 家和萬事成 바퀴 달고
오대양 육대주 향해 청말은 달리고 있다

# 누가 심었을까

고향마을 정자나무
매미소리 밑에서 장기를 둔다
누가 심었을까

남산 위에 저 소나무
한국인의 기상 심는다
누가 심었을까

은하수 건너는 견우직녀
하얀 소망을 심는다
누가 심었을까

가슴 속에 꿈틀대는
검은 마음 하얀 마음
누가 심었을까

## 운동화

길가에서 운동화 팔고 있으면 걸음을 멈추고 바라본다
아버지께서 끈은 불편하니 찍찍이가 좋다고 말씀하신다
항상 만 원짜리 운동화만 골라서 샀다
장에 가실 때 논밭에 가실 때 어디서든 신을 수 있는 운동화
싼 것을 사야 빨리 떨어지고 새 운동화를 신을 수 있기에 길가에서만 샀다
지금은 하늘나라 계시기에 정렬된 운동화 바라만 볼 뿐입니다

# 소망

첫사랑의 아픔이 있을 때마다
별이
태어난다고 했다

부모님이 세상을 떠날 때마다
별이
태어난다고 했다

낙심할 때마다
별이
태어난다고 했다

그리하여
별이
모래알보다 많은가 봐

소망 있는 사람에게만
태양이
떠오른다

매일

# 할 수 있어

유학 다녀오지 않았지만
바르게 살 수 있어

외국어 잘 못하지만
아름다운 말할 수 있어

과장 아니지만
성실하게 근무할 수 있어

많은 재물 없으나
컵라면 대접할 수 있어

## 서 있기만 했단다

나무야
나무야
넌

햇볕이 쨍 쨍 내리 쬐도
에어컨 켜지 않고

비 오고 바람 불어도
우산 쓰지 않고

찬바람 불고 눈이 내려도
오리털 파카 입지 않고
서 있기만 하니

앙상한 가지 사이로
들려오는
꼬부랑 목소리

아들아
나도
서 있기만 했었단다

## 몰랐습니다

자녀들에게 부릅뜬 눈
가슴에 못 박는 줄 몰랐습니다

아빠 없다고 해
소도둑 만드는 줄 몰랐습니다

자녀들 앞에서 부부싸움
조기교육 시키는 줄 몰랐습니다

술 담배 과식
오장육부 학대하는 줄 몰랐습니다

현모양처 강요하는 입술
더 큰 학대인줄 몰랐습니다

# 어떠하리

명품 가방이면 어떠하리
비닐봉지면 어떠하리
내용물이 고와야지

명문대면 어떠하리
전문대면 어떠하리
실력이 있어야지

쌍까풀
있으면 어떠하리
없으면 어떠하리
뵈는 게 있어야지

롱 다리면 어떠하리
숏 다리면 어떠하리
만보 걸을 수 있어야지

시집 잘 간들 어떠하리
장가 못 간들 어떠하리
이불속이 따뜻해야지

# 숭늉

삶은 보리 한 바가지
쌀 한주먹 넣고 가마솥 불 지피면
꽁당 보리밥이 됩니다

담을 그릇이 많아
밥 풀 때만 수전증 환자 된
어머니

중학생 아들 노란 도시락
흰 밥알로 도배한 미장공
어머니

숭늉을 먹어야 방구 잘 나온다고
위가 힘들어 않다고
주걱으로 가마솥 노 젓는
어머니

숭늉 같은 어머니
어머니 같은 숭늉
백 세를 노래한다

## 베짱이 천국

오른쪽엔 경제동물
왼쪽엔 비단장사 왕서방
북쪽엔 굶주린 호랑이
남쪽엔 백만 베짱이

힘들다
더럽다
위험하다
동남아로 밀어내고

K-POP
나팔 부는
The Republic of Korea

※ 백만 베짱이 : 2013년 실업자 수.

# 다산 콜센터

자살 살자
민어 어민
NO ON
내힘들다 다들힘내

바뀌면
산다
다산
다산다 콜센터

# 절

매연 소리
지하철 계단 경쟁 소리는
자동차 눈에 빨간불 지핀다

얽히고설킨
퇴근길 불빛

늘어진 발가락 붙잡고 천장 바라볼 때면
위층 아이는 뜀틀 선수

침대에서 누웠다 일어섰다
훈련병

현관문 열고
바람도 꿀잠 자는 절로 나간다

난 절이 좋다
아이에게 절 해야겠다

부활절에

## 부산 갈매기

갈매기
유럽에서 서진하여
미국에서 황금알 낳고

태평양을 건너
일본에서 잠시 쉬었다
대한해협 향해
날갯짓 한다

엄마 갈매기 영도에 둥지 틀 때
새끼 갈매기 조도에서 친구 부르니
대여섯 마리 오륙도에서 춤을 추네

부산 갈매기
용두산 공원에서
날개를 편다

백두대간
만주벌판
유라시아 철도길 향해

# 모른다

거울
앞에서

입어보고 벗어보고
앞을 보고 뒤를 보고

뒤꿈치 들었다 내리는
여자의 마음

남자는
모른다

## 예쁜 말

어느 대학 졸업했나요
서울상대

어디 근무 하나요
청와대

직위는
면장

아들은
조종사입니다

※ 서울상대 : 서울에서 상당히 먼 대학.

※ 청와대 : 중국집 이름.

※ 면장 : 면 뽑는 주방장.

※ 조종사 : 오토바이 배달 맨

# 알았네

어머니 사랑
애기 낳고서
알았네

아버지 사랑
가신 후에
알았네

건강
있을 때
아낄 걸

물질
있을 때
조심할 걸

# 수의

부모님
영면하실 때
입으실 옷

윤달에 만들어야
후손들 부귀영화
누린다기에

국산 수의 만들었건만
부귀영화 가져갈
주머니 없네

# 살색이 살색 아님을

기관총 맨 공수부대원보다
더 용감한 사람들은
시청 앞에 촛불 들고 나타난
유모차 부대

쌀밥에 고깃국 사진 보여준 정치인보다
공원에서 밥 퍼주는 자원봉사들이
삼천리 금수강산을 지키고
오천 년 동안 배달민족을 이끌어 왔다

앞으로 갑시다
나를 따라오라는
꽃게 정치가 종교 지도자들이
외치는 색깔을 믿지 않는다

다문화 가족은
믿지 않는다

세계화를 부르짖는
국민들은 더 믿지 않는다

살색이 살색 아님을

## 골키퍼

강을 바라보며
치우천왕 두 눈을 부릅뜬다

월드컵 16강 8강 4강 위해서
술을 마신다

442 전술
352 전술
343 전술

전술에 포함되지 않은 한 사람
골키퍼

발로 10km 이상 뛰지 않지만
위기의 순간 오직 손바닥으로
11km 이상 뛰는 선수

페널티킥
승부차기 같은

위기의 순간순간마다
온 몸으로 막아내는 선수

대한민국 골키퍼는
서민들입니다

우리 집 골키퍼는
어머니입니다

※ 치우천왕 : 축구 응원단 "붉은악마" 공식 캐릭터입니다.

# 중2

국민들이 모른 척
하기에 힘들 때

대학생들 취업 문 잠겨
문
교문 밖으로 나오지 못하고

단원고 학생들 걸어서
국회의사당 돌진했건만
종이호랑이 된지 오래

실낱같은 희망은
백두산 호랑이도 벌벌 떤다는
중이들이 나설 수밖에

중이들이
교문 밖으로 나오면
어찌될까

국민들은
중이(스님) 될까
종이(머슴) 될까
종이(휴지) 될까
총이(혁명) 될까?

## 하이힐

운동화
신고 다닐 때
만보 걸었던
아가씨

하이힐
신고 걸어가면
뒤꿈치 바라보고
몇 센티 계산을 한다
육십 될까
천보 걸을 수 있을까

운동화
신고 다닐 때
만보 걸었던
아가씨

# 빗물 커피

노란 중(中)자 뱃지 번쩍거리는
검은 모자를 쓴 학생

하굣길에
첫사랑 괴소문들은 종착지가 되어
귓가에 내리면
빨간소문 확인시키려 달려갈 때
비가 내렸다

오늘 비가 내린다
그 비를 맞고 싶다

둘이서
추억의 비에
속옷까지 젖고 싶다

추억으로 내리는 빗물로
커피를 끓이고 싶다

커피 향으로
젖은 옷을 말리고 싶다

# 지독한 놈

학창시절부터 장난삼아
만났다 헤어졌다를
반복해 온 그녀

힘들 때마다
그녀 생각에 견딜 수 없어
살며시 입맞춤한다

새해가 찾아오면
다시는 안 만나겠다고
끊겠다고 다짐했건만
작심삼일 만에 허물어지고
지금도 몰래 만나고 있다

혈관 속엔
그녀의 향기가 쉬지 않고
마라톤하기에 견딜 수 없다

아내를 사랑한다면
자녀를 사랑한다면
그녀를 끊어야 한다

모두의 행복을 위해
독한 마음을 먹고서
용작두 위에 발을 올렸다

작두 날 위에서
들려오는 붉은 목소리
담배 끊으면 독한 놈
술까지 끊으면 지독한 놈

# 제3부

# 존재의 이유

# 사랑은

예수님과 제자들 채찍과 창에 쓰러지고
몽둥이에 부러지고 사자 이빨에 찢기며
풀무불 속에서 기도하며 바다를 먹물 삼아
하늘을 두루마리 삼아 써 내려간 세 글자

믿음
소망
사랑

사랑은 오래 참는 것

# 믿음

엄마 젖꼭지 빨면 배부르고
돈 주면 사탕 줌을 믿었노라

'믿음'은 '약속'

예수 믿어 천국 가고
부적 믿어 어디 가나
돼지머리 끝은 어디

콩쥐 콩 심고
팥쥐 팥 삼고

심는 대로 거두리라
말한 대로 이루리라
행한 대로 받으리라

# 품어주소서

밤마다 멀어져 가는
등 뒤에서

여보 사랑해요
여보 미안해요
여보 감사해요

눈으로 토해낸 한 마디
미안한 것
알아서 다행이네

밤마다
앵무새가 되어
사랑 미안 감사

낳은 알
부화하는 날까지
품어주소서

# 구원

주 예수를 믿으라 그리하면 너와 네 집이 구원을 얻으리라

천국은　　지옥은
착한일　　나쁜일
많이한　　많이한
사람들　　사람들
가는곳　　가는곳
아니고　　아니고
예수님　　예수님
믿으면　　안믿는
누구나　　사람들
가는곳　　가는곳

하나님이 세상을 이처럼 사랑하사 독생자를 주셨으니 이는 저를 믿는 자마다 멸망치 않고 영생을 얻게 하려 하심이니라

# 태성

사랑하는 아들
사업장
대성(大成) 할 줄 믿고
점 하나 찍었네
태성(太成)

사랑하는 아들
외대 가서
큰별 될 줄 믿고
점 하나 찍었네
태성(太星)

하나님께서

# 교회 종탑

길 찾는
이정표 인가요

더 가까이 보이려고
옥상에 올라갔나요

낮에는 부끄러워
밤에만 불 밝히나요

까만 밤마다
붉은 십자가로
물들인 코리아

수학선생 눈엔
더하기 곱하기

간호사 눈엔
적십자 마크

전기기사 눈엔
십자 드라이버

성도들 눈엔
예수천당
불신지옥

예수님 희생
예수님 말씀
예수님 사랑
흔적 없고

교회 이름만
펄럭이니

참수형 형틀
오늘 밤
또 피를 토하네요

# 참 행복

숟갈 들 수 있는
힘만 있어도
감사합니다

컵라면 끓일 수 있다면
한 번 더
되새김질합니다

감사 하는데
학위가 필요한가요
돈이 드나요
경쟁자 있나요

참 행복은
감사가 주식(主食)입니다

## 교회 종소리

밤마다
멀리서 들려오는 개 짖는 소리

뭐가 그리 무서워
밤새도록 발자국 따라 다니다

어둠 지칠 무렵
한 번 더 짖어대면 땡그랑 땡그랑

어머님 보리쌀 씻고
아버님 소여물 썰고
누나는 동생 깨웠던 그 나팔소리

소음과 공해
행복 추구권에 밀려
이불 속에서
짖어대는
교회 종소리

# 두려워 말라

무당
물가를 피하고
북쪽으로 가라 하네

철학관
운명은 바꿀 수 없으나
피할 수 있다 하네

하나님
팔자도
운명도
내 손 안에 있는 것

놀라지 말고
두려워 말고
물 위로 걸어오라 하네
불 속으로 들어오라 하네

# 하나님 사랑

하루 한 번씩
일 년 삼백 예순 다섯 번

한순간도 쉬지 않고
억만 번 돌고 돌아도
멀미하지 않음은
고장 나지 않음은

A/S 없기 때문인가요
23점 5도 기울어진 까닭인가요
해를 쫓고 쫓아 간 까닭인가요
달이 쫓고 쫓아 온 까닭인가요

크고도 깊도다 넓도다
하나님 사랑

## 존재의 이유

생명의 발원지는
태초에 말씀

한강 발원지는
강원 태백 검룡소

나의 발원지는
궁

그때 분위기는
취중이었을까 실수였을까

불러봐도
물어봐도 대답없는
하늘에 계신 아버지

딸 아들 낳아보니 보이네요
볼트보다 빠르게 경주하는
수억 마리 정자들
선두 주자를
한 달만에 안아버린

궁

남들이 볼까봐
부정 탈까봐
열 달 동안 깜깜한 곳에 가두니

뭐가 그리 서러운지
한 맺힌 게 뭔지
어둠 찢고
두 주먹 불끈 쥐고 울었을까

주님
상한 갈대 꺾지 아니하고
꺼져가는 등불 끄지 아니하니

수억 명을 물리쳤던 저력으로
할 수 있다
내게 능력 주시는 자 안에서
할 수 있기에
21세기는 간절히 손짓하고 있다

날
그리고
너까지

# 기다립니다

풀무불에 들어갈지라도
사자 굴에 들어갈지라도
풍랑 이는 바다 항해할지라도
두렵지 않아요

강북보다 더 먼 곳에 살지라도
자녀들이 유학 못 갈지라도
가려운 곳 기왓장으로 긁을 지라도
원망하지 않아요

아내와 딸 그리고 아들 있어서
출근할 수 있는 일터 있어서
걸어가면서 찬양할 수 있어서

감사한 마음으로
어둠 찢으며
새벽 오기를 기다립니다

## 거울

거울아 거울아
누가 예쁘니
어머님 말씀으로
빨간 입술 그리는 사람

거울아 거울아
누가 더 예쁘니
금강경 말씀으로
초승달 눈썹 그리는 사람

거울아 거울아
누가 더 예쁘니
성경 말씀으로
일자 눈썹 그리는 사람

거울아 거울아
누가 젤 예쁘니
매일
매일 그리는 사람

## 짝퉁

야구장 가는 표
명절 고향 가는 표
영원한 고향 가는 표

짝퉁에
불 지른
루터 칼빈

명품
참 명품
진짜 명품
원조 명품 만들었건만

21세기 코리아
칼빈 후배 성직자들
밤새도록 헛기침 소리로
십자가 붉은 물 칠하네

건축헌금으로 포장된
장로 권사 안수집사 임직

순종이 제사보다 낫다는
개살구표 명분과 굴레

세상 사람들은
돌직구 던지건만

주님께선 말이 없으시네
일흔 번에 일곱 번까지

# 은행잎

가로수 밑에서 버스 기다리면
발등 위로 살랑살랑 내려오는
노란 눈
밟을 수도 주을 수도 없는 건
밤마다 술병을 쓰러뜨렸던
첫사랑 얼굴

그대는 어디쯤 가고 있나요?

버스에 오르면
빨주노초파남보 입술 중
노란 입술만 훔쳐봅니다

예전처럼

## 일기예보

원하지도 않았는데
해는 떠오르고

붙잡고 싶은데
별은 지고

떡국 먹지 않아도
오십 계단에 쌓인 나이

어깨 허리 다리 결릴 때면
인생사 일기예보

오늘 밤엔
가까운 바다에서 먼 바다까지
용서의 비가 내리고

내일은
바람 잡으러 다녔던 날들 향해
건강 지키라는 '파랑주의보' 발령

# 비가 내려요

창 밖에서 누군가
똑 똑 똑

당신인줄
알았는데

마음 한구석에
숨겨둔 사람

창 밖에서 똑 똑 똑
비가 내려요

# 야생화

보고 있어도
보고픈
널

자주 보고
오래 보고
자세히 보고 싶다

# 나비가 되고 싶다

나 비가 되고 싶다
그녀 가슴에만 똑 똑 내리고 싶다

보슬비가 되어
보슬 보슬 내리고 싶다

떨어지는 방울들
대지에 모아
파란싹 잡아당기고
빨간 노란 하얀꽃 피우고 싶다

나비가 되고 싶다
동백꽃 잎에 새겨진 사연 듣고파
장미꽃 가시에 찔린 사연 덮고파
진달래꽃 잎에 내린 눈물 닦고파
나비가 되고 싶다

훨~ 훨~
날고 싶다

## 유월은 녹차탕

오월의 여왕이 지나간 계곡에
닭벼슬 햇살로 기상나팔 불면

빼꾹 빼꾹, 부엉 부엉, 꿩~꿩~
딱따구리는 똑·똑·똑

선녀가
푸른잎 따다가 하늘에 뿌리면
녹차비 내리고
계곡은 탕이 됩니다

IMF 때보다
더 무거운 짐 진 나무꾼들이여
살짜기 옵소예
녹차비 내리는 탕으로

# 설악산

하루하루의 삶 속에서
스트레스 짊어지고
계곡 따라 오르면

땀방울 모아
돌이 된 울산바위

한숨 모아
살아 천년 죽어 백년을 지켜온
고사목

집안 구린내 소청봉에 엎어 놓고
직장 구린내 중청봉에 덮어 놓고
한국인 기상 대청봉에 꼽아 놓고

춤추는 동해바다 바라보며
한 번 더
가파른 능선의 땀방울 예약 받는다
소·중·대청봉 삼형제

# 낙엽

마지막 잎이라고 따서는 안 되네
달랑 거리는 희망 있기에

떨어진 잎이라고 쓸어서는 안 되네
낙엽 밟는 소리 좋아서

쌓여진 잎이라고 치워서는 안 되네
삼동(三冬)엔 이불 삼월(三月)엔 쌀밥 되기에

못 다한 이야기 있기에

## 까만 사랑

꽃은
피지만
말이 없고

마른 꽃잎
불타고 있지만
연기도 없더라

심지가 없어도
춤추는
불꽃

온 산을
태워도
소리가 없더라

까만 사랑
울어보지만
눈물도 없더라

## 봄

비가 내리면
떨어야합니다

소나기가 내리면
더 떨어야합니다

떨지 않으면
잎이 떨어집니다

바람이 불면
흔들어야 합니다

눈보라 치면
더 흔들어야 합니다

흔들지 않으면
가지가 부러집니다

떨고 흔들림 속에
튀어 오르는 용수철
Spring

# 늙은 소나무

섬 마을 언덕배기
먼 곳만 바라보는
소나무

아들 딸 손자 손녀
얼굴 비비고 싶어
아파트 정원에 옮겨 달라
갯바람에 날려 보내건만

우편낭에 넣지 못한다고
오토바이에 싣지 못한다고
혀끝만 차고 있는
우체부

아들 며느리
늙은 소나무 옮기면
매연 때문에
자동차 방구 소리에
말라비틀어진다는
핑계

허공에 토해낼 때

진도 해상에서
침몰한 세월호
비명소리에 놀란
늙은 소나무

막대기 손
비비고 있어요

# 별

별을 바라 볼 수 있음에
감사 합니다

낮에도
밤에도
그대를 바라 볼 수 있다는 건

내 마음에 왕별이기에
행복합니다

이 삶에 영원히 지지 않는
반려자
그래서 그대는
내 품에서 가장 빛나는 별이랍니다

# 보름달

어둠 짙은 골목길에선 천하대장군(天下大將軍)
밤 벚꽃놀이 땐 지하여장군(地下女將軍)
물방울 튀기는 도로에선 안전대장군(安全大將軍)

바닷물 잡아 당겨
밀물 낳고 썰물 낳고
바다 질서 세우는
노란 가로등

훈련소 동초 근무 땐 토끼 눈으로
유격장에선 왕호빵으로 다가오던
노란 가로등

어둔 밤
서울에서 고향까지
강아지처럼 따라 다니는
노란 가로등

## 뜨는 해 지는 해

어린이날은 빨간색
어버이날은 검정색

학교 가는 길엔 승용차
노인정 가는 길엔 유모차

떠오른 태양 식탁은
일식 삼찬에 과일

사라지는 석양 식탁은
일식 일찬에 찬물

찬물 마시고 속 차릴 사람은
누구

※ 유모차 : 할머니들이 지팡이 대신 밀고 다니는 수레.

## 주말부부

손 꼬옥 잡았던
긴 밤을 걷어내면
차가움으로 찾아오는
새벽

아내의 손바닥을
빠져나온 이불속에 묻고
서울역으로 향한다

이번 주에도
천리를 달려야
아내는 단잠을
아들, 딸은 꿀잠을 잔다

부산행 KTX는
잠을 가져다 준다
꿈을 가져다 준다

내일을 향한 꿈
내일(Rail) 위에서 펼친다

제4부

# 시집 평설

# 언술의 시적 자각과 실천, 신뢰 획득

박진환
(시인 · 문학평론가)

## 1. 전제

시가 정서에서 감각으로 이동된 것은 20C다. 곧 천성에서 기술로 옮겨졌다는 뜻으로 자연성의 것에 기술을 가미, 천성을 개조하기에 이르렀다는 뜻이다. 이러한 개조는 지적조작이나 변용으로 풀이된다.

현대시의 대표적 시법이 되어주고 있는 낯설게 쓰기는 바로 시가 변용의 미학이라는 것을 말해준다. 그리고 변용은 단순한 모습 바꾸기가 아니라 바꿈으로써 새롭게 태어나게 하기 위한 기술에 의해 시가 탄생된다는 뜻을 지니고 있다. 거기에다 하나 더 추가할 수 있는 것이 외모를 바꾸기도 하지만 바꾸기 위해서는 바꾸어 볼 줄 아는 시각을 지녀야 한다는 두 가지 뜻을 변용은 지니고 있다.

시인을 견자(見者)라고 한다. 이때의 견자는 단순히 대상을 보는 시력에 의한 포착이 아니라 포착된 대상을 뚫고 대상 뒤나 너머에 있는 보이지 않는 비의까지를 발견해내는 투과력을 의미한다. 그리고 투과력에 의한 새로운 발견이었을 때 견자라고 한다.

눈에 보이는 것을 보는 눈이 아니라, 보이지 않는 것을 보는 눈, 꼭 보지 않아서는 안될 것을 볼 줄 아는 눈, 여기에서 더 나아가 새로운 세계를 만들어 보여주는 눈을 지닌 견자로서의 발견자나 창조자가 시인이다.

어느 이름 있는 시인이 "시는 상상력"이라는 말을 한 적이 있다. 틀린 말이 아니다. 상상력의 시적 기능이 이미지를 재생하고, 재생된 이미지의 결구력을 빌어 비유를 성립시키고, 성립시켜 통합시킴으로써 마술적인 힘, 곧 경이로운 감동을 체험하게 해주는 것이 상상력의 시적 역할 및 기능이라는 것은 익히 알고 있기 때문이다. 헌데 상상력이 무엇인가를 재생해내기 위해서는 재생 대상이 있어야 하고, 재생해서 재결합함으로써 비유를, 비유를 성립시킴으로써 새로운 감동을 체험하게 하기 위해서는 전제조건이 요구된다.

곧 이미지가 전제되어야 한다는 뜻인데 이미지가 없이는 재생도 결합도 할 수 없고, 재생·결합 없이는 마술적 힘으로서의 시적 역할도 할 수 없게 된다. 그 전제물인 이미지는 주지하다시피 상상력 이전의 체험이다. 체험에 의해 성립된 이미지가 전제돼야 재생도 결합도 가능하기 때문이다. 시를 체험으로 보았던 릴케의 견해는 바로 이런 전제에서 제시됐던 견해로 받아들이게 한다. 이는 곧 시란 체험과 상상력의 상보적 관계에 의해서 성립된다는 것을 말해주는 것이 된다.

상상력을 정신의 자유이며 따라서 실재의 자유라고 한 것은 S. 스티븐즈다. 이 피력은 여러 가지 시사하는 바가 많다. 정신적 제약도 실재에도 얽매이지 않는 자유란 과연 어떤 자유일까를 설의해 볼 수 있기 때문이다.

시를 말할 때 흔히 논리를 초월하거나 논리가 끝나는 곳에서 시는 출발한다고 한다. 논리의 초월은 논리로부터의 자유를 의미한다. 곧 정신의 자유, 실재의 자유와 맥락을 잇대이는 부분이다.

상상력을 자연이 결합시켜 놓은 것을 해체할 수도 있고, 해체해버린 것을 다시 결합할 수 있는 정신적이고도 내면적인 힘으로 보았던 베이컨의 피력과도 잇대이는 맥락성을 지니고 있다.

시는 참말의 기록이 아니라 참말 이상의 기록, 참말로는 드러낼 수 없는 것을 드러내는 진술, 그리하여 참말에서는 체험할 수 없는 감동을 체험하게 해주는 진술이다. 이는 곧 참말 이상의 진술이 되기 위해서는 거짓말도 서슴지 않는다는 것을 말해주는 것이 된다. “시는 거짓말하는 특권을 가진다”

고 말했던 프리뉴스 2세의 피력은 참말로는 드러낼 수 없는 것을 드러내는 것이 시라는 등식과 같은 의미를 지니게 된다.

언어가 외연과 내포의 두 경로로 이해된다는 것은 주지하는 바다. 여기에서 외연은 참말이고 내포의 언어는 참말이 아닌 사전적 의미에서는 거짓말이 되게 된다. 사전에서는 찾아볼 수 없는 의미를 지니는 거짓말이기 때문이다. 이 거짓말이 곧 내포적 언어로서 참말이 아니면서 참말 이상의 진술, 참말로는 드러낼 수 없는 진술, 그리하여 참말에서는 체험할 수 없는 새로운 감동을 체험하게 해주는 언어가 되게 된다.

김춘수류의 견해를 빌면 관념의 제로지대에서 새로이 발견되거나 탄생되는 새로운 관념쯤이 된다.

이런 전제는 시어에 있어서의 조어(造語)에 대한 의미를 새로이 해볼 수 있게 하는 계기를 제공한다. 그것은 시가 언어예술이라는 ABC와 함께 조어를 메타언어로 볼 수 있는 근거를 제공해주기 때문이다.

황정석 시인이 상재한 처녀 시집 『뻘평선』은 이런 의미에서 많은 것을 짚고 넘어가게 한다. 왜냐하면 전제에서 제시한 바 있는 '지적조작', '참말과 거짓말', '새로운 관념의 발견' 그리고 시에 있어서의 조어가 시를 다루는 언술과 무관하지 않는 시어와의 맥락 관계를 지니고 있기 때문이다.

이러한 전제에서 시집 『뻘평선』의 언어미학에 접근해 보기로 한다.

## 2. 시집 『뻘평선』과 언술

시를 언술로 보는 것은 시법에서의 ABC에 해당한다. 그것은 시가 언어예술이라는 점과 함께 다른 장르의 언어예술보다 유독 레토릭을 중시하고 또 레토릭에 의존하는 의존도가 절대적이기 때문이다. 언술은 언어를 다루는 기술로서 보다 잘 드러내고 드러내어 감동을 체험하게 해주기 위해 동원한 기술이 곧 언술이다. 그 대표적인 것으로 비유·상징을 비롯한 반동형성, 낯설게 쓰기, 전경화를 비롯한 양극화니, 양극화의 합일을 이끌어내기 위한 컨시트의 동원 등은 다 시가 즐겨 차용하는 대표적인 레토릭 들이다.

황정석 시인의 시집 『뻘평선』에서 첫눈에 띄는 것이 '뻘평선'이라는 시집 타이틀이 '조어'라는 점이다. 조어는 기존의 말이 아닌 새로 만들어낸 말을 뜻한다. 그 때문에 사전 밖에 존재하는 말이 되고, 사전 밖의 말이니 거짓말과도 통한다. 그런가 하면 스티븐즈가 말한 정신의 자유와 함께 실재에 자유와도 통하고 왜곡·날조·은폐·위장이라는 반동형성과도, 컨시트와도 통한다.

이렇듯 시에 있어서의 조어는 단순히 새로 만들어내는 말이 아니라 여러 연계 맥락의 상상력을 자극해 여러 의미의 해석을 가능하게 한다.

시에 있어서의 '조어'는 뭐니 뭐니 해도 이상의 전매특허품인

'오감도(烏瞰圖)'를 예시할 수 있다. 주지하다시피 오감도는 이상이 만들어낸 조어로서 새鳥자에서 새의 눈을 빼버림으로써 까마귀烏자로 둔갑시킨 컨시트의 산물이다. 새의 눈을 빼버렸으니 아무리 높은 곳에서 굽어본들 캄캄한 세상밖에 달리 조망할 수 있었겠는가. 이러한 지적 조작은 1930년대에 이상이 체험했던 피지배 민족의 빛을 상실한 색맹연대(色盲年代)를 암시하기 위해 동원했던 시대의식을 조어로 대신했던 기발한 착상으로서의 컨시트였다.

'뻘평선'이란 시집 타이틀도 예외가 아니다. 그것은 '뻘평선'이란 말이 사전에서는 찾아볼 수 없는 만들어낸 조어이기 때문이다.

먼저 시를 제시해 본다.

천 년 만 년
사람들과 살아 온
뻘평선
새만금 갯벌

남산 허물어
황금물결 쌀평선이
웬말

하얀 보석으로 피어나는
소금 꽃게 새우 주꾸미 바지락 백합들
부안에서 서울까지 3보(步) 1배(拜)
갯벌밥 외친다

갯벌은
수산생물의 에덴동산

자손만대까지
걸어가야 할
뻘평선

예시는 시집 타이틀이기도 한 「뻘평선」의 전문이다. '뻘평선'은 사전에는 없는 조어다. 이 조어에서 '뻘'은 넓은 들녘을 뜻하는 '벌'의 된발음으로서 전라도 지방에서는 들처럼 넓게 펼쳐져 있는 바다의 갯벌을 지칭하는 말로서 '뻘밭'이라고도 한다. 그래서 '뻘평선'은 바다 위에 보이는 하늘과 바다가 맞닿아 경계를 이루는 것처럼 보이는 선을 수평선이라 하고, 평평한 대지의 끝과 하늘이 맞닿아 보이는 경계선을 지평선이라 하듯이 갯벌이 하늘과 맞닿아 경계를 이루고 있는 넓은 갯벌을 뻘평선으로 지칭한 조어가 되게 된다.

조어는 새로이 만든 말로서 이미 있는 말 쪽에서 보면 가짜이고, 거짓이 된다. 그리고 가짜로 만들어냈으니 왜곡이나 날조와 같은 지적 조작이 되기도 해 진실 쪽에서 보면 진실이 아닌 허위가 되기도 한다. 그러나 시적 상상력에서 보면 정신이나 실재를 넘어선 자유의 산물로서 고정관념에서 일탈한 새로운 관념이 되어줄 수 있고, 그 때문에 진실이 아니면서 진실에 값하는 시로써 형상화해낸 진실과 등가물이 되어줄 수 있게 된다. 곧 사실 이상의 진술, 사실로서는 드러낼 수 없는 진술로서 새로운 감동을 체험하게 해주는 마술적 진술이 될 수 있게 된다.

이러한 마술적 진술이 다름 아닌 지적 조작이고 해체와 결합을 자유로이 하는 상상력의 산물이고, 위트나 상상력의 상보적 개입을 통해 합작해낸 컨시트이자 이를 시에 실천한 언술이 되기에 이른다.

예시는 '뻘평선' 말고도 가을 들녘의 황금물결로 출렁이며 하늘과 맞닿아 있는 공간을 '쌀평선'이란 조어를 빌어 형상화하고 있는데 이 또한 '뻘평선'과 같은 맥락에 잇대어 볼 수 있게 하는 조어의 시적 묘미를 읽게 해준다.

또 하나는 조어는 아니지만 '갯벌'을 '수산생물의 에덴동산'으로 변용하고 있는 점도 간과할 수 없는 부분이다. 그것은 '에덴동산'이 '뻘평선'과 그 표현은 달라도 동의어적 성격을 지니고 있기 때문이다. '천 년 만 년/사람들과 살아온' 공간으로서의 '갯벌'은 앞으로도 '자손만대까지/걸어가야 할' 낙원으로서의 '뺄평선'으로 제시되고 있기 때문이다.

해석이야 어쨌건 '뺄평선'은 황정석 시인이 발명자이고 특허권자이며 황정석의 주어다. 그리고 이러한 조어는 아직까지 어느 누구에 의해서도 명명되지 못했던 새로운 명명이란 점에서 견자적 시각의 발견일 수도 있고, 상상력의 시적 역할인 무한 자유가 이끌어낸 이미지일 수도 있으며, 기발한 착상으로서의 컨시트 그리고 지적 조작에 의한 언술일 수도 있게 된다.

이 점에서 예시는 황정석 시인이 다른 모든 시어를 뛰어 넘어 창조적·생산적 언어로서의 기능을 다했다고 할 수 있게 된다.

조어 말고도 황정석 시인이 즐겨 다루는 언술의 하나가 펀(pun)이다. 펀을 사전적 의미로는 언어유희라고 한다. 유희는 즐겁게 장난하고 노는 것을 뜻하는 것으로서 시가 언어예술의 대표적 장르라는 점에서 보면 펀은 시적 유희 곧 언술에 해당한다. 그리고 언술이 언어를 다루는 기술이란 점에서 보면 펀은 유희의 차원을 넘어선 레토릭 차원으로 이해하게 한다.

레토릭은 말이나 글을 다듬고 꾸며서 정연하게 하는 기술이다. 그 때문에 언어를 다루는 기술로서의 펀은 기발한 상상력의 산물일 수도 있고, 상상력이 이끌어낸 기발한 착상으로서의 컨시트의 산물일 수도 있게 된다. 그런가 하면 의도적으로 기술을 가미한다는 점에서는 지적 조작으로서의 변용이나 왜곡·날조와 같은 방어기전의 수단화일 수도 있게 된다.

문제는 여기에서 끝나지 않고 천성을 기술로 이동하는 의도적 제작으로서의 현대적 기획의 일환일 수도 있고, 형이상시에서 말하는 상반·상충의 대립과 화해를 이끌어내기 위한 언술일 수도 있게 된다는 점이다.

펀이 단순한 언어유희 차원을 넘어 현대시를 대표하는 레토릭의 하나로 각광받는 소의가 이러하거니와 이를 시를 제시, 구체화했을 때 이해를 도울 것으로 본다.

올가는 오고야 말았습니다

–「ARS」 첫 행

ARS
한 번 돌릴 때
수재민 수제비 끓이고

–「ARS」 6연

까만 고무줄 위에
하얀 나비가 된
검정 고무신

–「내 동무 어디에」 2연

호영남

영호남
잘삽니다

– 「사내 커플」 5연

용광로 같은
용기(容器)
용기(勇氣)가 있다는 것이다

– 「청년」 종연

갑오년
좌측에 職和萬事成 바퀴 달고
우측에 家和萬事成 바퀴 달고
오대양 육대주 향해 청말은 달리고 있다

– 「갑오년 청말」 종연

자살 살자
민어 어민
NO ON
내힘들다 다들힘내

바뀌면
산다

다산
다산다 콜센터

– 「다산 콜센터」 전문

어느 대학 졸업했나요
서울상대

어디 근무 하나요
청와대

직위는
면장

아들은
조종사입니다

– 「예쁜 말」 전문

눈에 잡히는 대로 골라본 편의 시편들을 제시했다. 예시 「ARS」에서의 '올가'와 '오고', '수재민'과 '수제비'는 뜻은 다르나 소리값을 비슷하게 연계시킴으로써 동음이의와 같은 언어유희를 드러내고 있다. 그러나 예시 「내 동무 어디에」에서는 동음이 아닌 '까만'과 '하얀'의 두 색체 이미지를 상충시킴으로써 양극화를, 예시 「사내 커플」 에서는 '호영남'과 '영호남'을 말의 순서를 바꾸는 도어(倒語)의 효과를, 예시 「청년」 에서는 '용기(容器)'와 '용기(勇氣)'라는 동음이의를, 예시 「갑오년 청말」 에서는 '職和萬事成'과 '家和萬事成'의 같은 의미의 숙어를 한자를 왜곡시킴으로써 지적 조작으로서의 언어유희를 그리고 예시 「다산 콜센터」 에서는 '자살'을 '살자'로, 'NO'를 'ON'으로, '산다'를 '다산'으로 역시 도어적 지적 조작을 빌어 편의 시적 효과를 노리고 있다. 그리고 예시 「예쁜 말」 에서는 '서울상대'를 '서울에서 상당히 먼 대학', '청와대'를 '중국집 이름', '면장'을 '면 뽑는 주방장', '조종사'를 '오토바이 배달 맨'이라는 의미의 이동과 전환이라는 재빠른 순발력으로서의 위트를 발휘, 지적 조작으로서의 컨시트의 묘를 보여주고 있다.

물론 예시한 레토릭으로서의 편의 완성도는 만족하다고는 할 수 없다. 그러나 첫 시집부터 언어의 기교라는 언술에서 시를 출발시킨 것은 시가 언어예술이란 것을 자각하고 스스로의 시에 실천하는데서 시를 출발시켰다는 점에서 타성으로 쓰는 시와는 격을 달리한다고 할 수 있다.

시는 무엇을 쓰느냐?의 언어미학이 아니라 '어떻게 쓰느냐?'로 미학의 승부를 가리는 언어미학이다. 이 점에서 황정석 시인의 시적 출발은 신뢰를 획득하고 있다고 할 수 있다. 이쯤에서 결론으로 집약할 수 있을 듯싶다.

## 3. 결어

지금까지 황정석 시인의 시집 『뻘평선』을 조명해본 셈이다. 그 결과는 황정석 시인이 '무엇을 썼느냐'에서 한발짝 나아가 '어떻게 썼느냐'라는 언술에서 시를 출발시키고 있다는 점이 결론으로 모아질 듯싶다. 그중에서도 조어와 편은 언어의 시적 신뢰를 바탕으로 시를 출발시키는 것이 되고 또 이를 자신의 시에 실천함으로써 시적 신뢰를 함께 거두고 있다는 점이 이번 시집으로 거둔 황정석 시인의 시적 성과일 듯싶다.

# 뺄평선

2014년 10월 10일 인쇄
2014년 10월 20일 발행

지은이 / 황정석
발행인 / 박진환
펴낸곳 / 조선문학사
등록번호 / 1-2733
주소 / 120-853 서울 서대문구 통일로 389(홍제동)
대표전화 / 02-730-2255
팩스 / 02-723-9373

ISBN 978-89-98115-90-6

정가 10,000원